LES BOURBONS

ET

LA MONARCHIE TOUT ENTIÈRE,

OU

LA RÉVOLUTION TOUT ENTIÈRE.

———

APPEL

Aux Électeurs de 1789, 1794, 1815 *et* 1824; *et aux Députés de* 1824.

PAR UN ÉLECTEUR DE LA SEINE.

PARIS,

Chez {
Anth^e. BOUCHER, IMPRIMEUR-LIBRAIRE, RUE DES BONS-ENFANTS, N°. 34;
PETIT, LIBRAIRE DE LL. AA. RR., PALAIS-ROYAL;
L.-A. PITOU, LIBRAIRE, RUE DE LULLY, N°. 1,

ET CHEZ TOUS LES MARCHANDS DE NOUVEAUTÉS.

1824.

LES BOURBONS

ET

LA MONARCHIE TOUT ENTIÈRE,

OU

LA RÉVOLUTION TOUT ENTIÈRE.

Ayez de bons Électeurs, vous aurez de bons députés, de bons députés feront de bonnes lois, de bonnes lois consolideront l'état et le gouvernement.

Les bons Électeurs sont ceux qui connaissent leurs intérêts et les phases de la révolution. Conduits par ces deux guides, l'électeur et l'élu seront excellens et de la même opinion.

On est libéral par ton, par ambition, par intérêt, par jactance, par opposition, et même par dépit de se voir disgracié, oublié ou méconnu.

On est royaliste par religion, par devoir, par reconnaissance, par conviction; on l'est aussi par hypocrisie et par ambition.

Lorsque les candidats libéraux ou royalistes vous demandent vos suffrages, dites-leur à votre tour : *Voulez-vous la monarchie et les Bourbons sans la révolution, ou la révolution, la Charte et les Bour-*

bons? s'ils biaisent, ils sont libéraux ou royalistes sans expérience ou par ambition.

Dites aux royalistes et aux libéraux sans expérience :

Les états-généraux s'instituèrent, malgré *le Roi*, assemblée constituante : l'assemblée constituante anéantit, malgré le Roi, les deux premiers corps de l'État et s'empara de leurs biens. Malgré le Roi, l'assemblée constituante laissa piller les châteaux, permit l'émigration, séquestra les biens, menaça les absents de spoliation, créa les assignats, imposa la Charte au Roi, remit son ouvrage et ses droits aux libéraux de l'assemblée législative.

Cette seconde assemblée, plus libérale que la première, proscrivit les émigrés et les frères du Roi, ordonna au monarque de sanctionner la proscription de sa famille absente ; il s'y refusa, on l'assaillit, on vint l'assiéger, il se réfugia dans l'enceinte législative pendant qu'on dévastait son palais. La Charte le déclarait inviolable ; malgré ce privilége, la seconde assemblée libérale le fit enlever de l'enceinte hospitalière qu'il était venu chercher dans son sein : elle l'enferma avec sa famille dans la prison du Temple, et se sépara pour céder la place à une troisième assemblée beaucoup plus libérale que les deux autres.

Cette troisième assemblée prononça l'arrêt de mort du Roi, fit assassiner révolutionnairement la reine et madame Elisabeth, sœur du prince, fit mourir le dauphin de misère et de poison, se décima elle-même, couvrit la France d'échafauds, centupla la dette et se sépara, en léguant à la France, la famine, le discrédit des assignats, le Directoire, et deux corps législatifs, non moins libéraux qu'elle-même.

Ces deux *conseils*, avec le Directoire, se battirent l'un contre l'autre, se proscrivirent, incendièrent l'Europe, firent deux fois banqueroute, appelèrent à leurs secours Buonaparte qui revint d'Egypte en France, les renversa par les baïonnettes, releva le crédit public en promettant la monarchie légitime, étouffa la licence par le despotisme, fit la guerre aux enfans comme la révolution l'avait faite à leurs pères, arma l'univers contre la France, légua aux Bourbons le désordre, les ruines et la gloire, fut mis hors de France et ramené par les libéraux ; y fut ramené par les libéraux pour consommer sa perte et la nôtre, si nos Princes n'étaient venus au milieu des phalanges victorieuses arrêter la main suspendue sur nos têtes.

Électeurs royalistes et libéraux, voilà toute la révolution. Voulez-vous qu'elle recommence par vos suffrages ?

Les hommes qui en ont été tour-à-tour les complices et les victimes sont à la tête des candidats qui vous demandent vos suffrages.

Les uns voués à Napoléon, veulent expulser les

Bourbons, au risque de voir une troisième fois vos personnes proscrites et vos fortunes envahies.

Les autres veulent une république modelée sur celle qu'ils fondèrent aux États-Unis. Ils en seraient les présidens amovibles. C'est là toute leur ambition.

D'autres généraux qui rédigèrent les bulletins de guerre de Buonaparte, ennuyés de la monotonie de leur existence, sont libéraux pour donner à la France une commotion qui les rendrait prépondérans.

Électeurs libéraux, banquiers, négocians, vous avez de la fortune, des enfans, des propriétés, voulez-vous en jouir paisiblement ? Donnez votre suffrage aux monarchistes. Voulez-vous courir des chances pour vous et vos enfans, votez pour les novateurs de 1789 qui se mettent sur les rangs en 1824.

Voulez-vous ramener la république ou le despotisme militaire, les invasions et les chaos de 1814 et de 1815 ? Voulez-vous revoir la famine et les banqueroutes révolutionnaires de 1796, le tiers consolidé (ou les 70 pour 100 de perte du Directoire), ou bien les 90 pour 100 de perte de ce tiers consolidé avili au moment où la France révolutionnaire allait faire une troisième banqueroute totale dans l'espace de deux ans, lorsque le crédit public se releva subitement à la seule apparence de la monarchie.

Fixons ce tableau :

Le 29 mars 1814, actions de la

Banque . . . . 555 fr.

   5 pour 100 c. 45   75 c.

   12 Avril même année, actions de

la Banque 935   50

   5 pour 100 c. 63   50

C'était le lendemain de l'abdication de Buonaparte. Louis XVIII devant succéder à son frère, Monsieur, comte d'Artois, en apportait la nouvelle à Paris.

En 1815, au 20 mars et au 20 juillet, même variation dans les fonds, et par les mêmes causes.

Voilà les chances de la révolution et celles de la monarchie. Électeurs, les candidats qui vous demandent vos suffages sont les mêmes hommes des mêmes époques. Choisissez le trouble ou la paix.

Les candidats qui vous prêchent le libéralisme ne manqueront pas de vous dire que la liberté n'est pas la licence. Ils vous vanteront les beaux projets de l'assemblée constituante, qui se retira en déplorant son ouvrage. Ils sépareront la liberté des abus ; mais en révolution ces deux points sont inséparables. La chaîne des événemens de 1789 à 1793 est indissoluble ; et l'exemple du malheur de Charles Ier. restera infructueux pour tous les peuples qui adopteraient pour candidats des hommes qui ne sont effrayés, pour arriver au pouvoir, ni des chances de l'anarchie, ni de l'horreur du despotisme, ni des conscriptions militaires, ni des trois banqueroutes qui eurent lieu depuis 1789 jusqu'à 1799.

Electeurs libéraux, qui n'avez atteint que votre sixième lustre, si vous deviez élever des enfans pour les envoyer à *Moscou*, à *Leipsick*, à *Waterloo*, voudriez-vous leur léguer le triste sort de revenir auprès de vous mutilés, sans état, jamais libérés, pour retourner ensuite se faire achever dans d'autres combats interminables ?

. Vous, qui n'avez encore que quarante ans, faites l'appel de vos parens ; combien d'entre eux ont été moissonnés par la hache révolutionnaire ? Vous aviez quinze ans, ils en avaient trente.... Nommez quelques candidats partisans de ces temps orageux, ils les feront revenir, sans le vouloir, comme cette assemblée constituante, législative et conventionnelle qui, s'attachant aux mots de liberté, maudit ensuite la licence et les événemens qu'elle ne put arrêter.

En 1789 on criait : *La nation* et *le roi !*

En 1790, *La liberté, la loi* et *le roi !*

En 1791, *La nation* et *la loi*, et tout bas, *point de roi !*

En 1792, *La nation, Pétion* et *la liberté*, et un peu plus haut, *point de roi !*

En 1793, *Le peuple souverain, mort aux tyrans !*

En 1794, *Liberté, fraternité ou la mort, répu-*

blique française une et indivisible ! ce qui signifie, par contre-sens, monarchie indissoluble et nécessaire, ou anarchie impérissable.

Le reste à l'avenant.

En 1824, les Bourbons sur le trône ont payé les dettes de l'Etat.

Dans l'espace de dix-huit mois, la France envahie deux fois, fut sauvée par eux.

En 1817 et 1818, ils ont été nos médiateurs contre une troisième invasion provoquée par la révolte des mécontens et des libéraux.

En 1817 et 1819, les députés des cent jours et un conventionnel furent présentés par les libéraux pour membre de la Chambre des députés. Admis à la résipiscence, ils ont professé à la tribune les mêmes doctrines de répugnance.

En 1824, ces hommes se présentent pour candidats. Electeurs ! doutez-vous de leurs projets aujourd'hui ? Leur donner vos suffrages, c'est appeler la révolution.

Le Ministère, ou plutôt le Gouvernement, joue les cartes sur table.

On vous crie qu'il vise au despotisme, qu'il ruine la France, qu'il vous impose des choix; qu'il violente la conscience de ses préposés ; qu'il préfère les hommes paisibles et honnêtes ; on vous dit qu'il veut la septennalité pour se reposer sur ses lauriers ou pour se perpétuer.

Il vise au despotisme : c'est sans doute pour res-

ter en place... Que le maître redemande le portefeuille au plus influent des ministres , il se verra
déchargé du fardeau , comme il vous l'a dit en
avouant franchement à la tribune à certains oppo-
sans, qu'il avait été contre la guerre d'Espagne
jusqu'au moment où le chef de l'État s'est expliqué.
Le portefeuille ministériel, ajoute-t-il, *est un fardeau peu digne d'envie dans un moment aussi
critique.*

Électeurs, n'oubliez pas cette époque, et pour
qu'elle soit plus frappante méditez le fait que je vais
vous citer : il est exact.

L'opposition et le chef du ministère parlaient
contre la guerre d'Espagne.

L'opposition qui avait ses émissaires, et, dans
nos camps, comptait sur une trahison pareille à
celle de 1815; elle criait contre la guerre pour la
faire décider par opposition.

Les ministres informés de ces manœuvres, retar-
daient pour prévenir l'événement. Ces mêmes députés se présentent aux Électeurs de 1824, et crient
au despotisme pour évincer les hommes qui les ont
devinés.

Ce despotisme qui fait le bien, réfute les chan-
gemens sollicités par l'ambition ou par la haine.

« Une personne de ma connaissance éprouva une
» injustice révoltante de la part d'un fonctionnaire
» public, qui devint son ennemi juré. Un ami de
» cette même personne lui demandait son suffrage;

» cet ami était libéral, l'offensé vota pour son en-
» nemi... » Si le ministère a des adversaires parmi
des royalistes, ces prétendus ultras ne sont impa-
tients que par un zèle ardent ; mais cette opposition ne les fera jamais passer sur les bancs de
l'homme aux répugnances. Fabius trouva des adversaires dans ses compatriotes, mais Annibal ré-
duit à l'impuissance , lui rendit justice.

Le libéralisme oppose le *Conservateur* isolé, au
ministre des affaires étrangères, qui écrivait **en**
1818 et 1819 contre le *Constitutionnel* et la *Mi-
nerve*, que les libéraux mettent l'attaque à côté de
la défense, et l'exagération disparaîtra.

Le ministère ruine la France : Oui, sans doute ,
si l'agiotage de la baisse fait la fortune publique,
si la première opération qui met les actions au pair
est une ruine pour l'État.

A la place des opérations financières du Directoire sur le tiers-consolidé qui perdait 90 pour cent,
en 1799, après l'échec des 70 pour cent de perte
dès sa création deux ou trois ans auparavant, le
ministère du Roi , en 1824 , présente à ses adversaires et à ses ennemis le résultat suivant :

Il a terminé la guerre d'Espagne , le cours des
effets publics s'est soutenu pendant la campagne ; au
retour de l'armée , ils ont haussé progressivement.
La dissolution de la Chambre n'a fait que doubler
la confiance et l'espoir.

L'opposition qui se présente aux Électeurs
de 1824 , refuse constamment au vœu du peuple et

de la France, qui désirent la fusion de tous les partis en un seul, celui de la monarchie, l'indemnité
voulue par la conscience et par la propriété natio-
nale. Pour arriver à ce but important, les effets publics arrivent au-delà du pair, et l'intérêt pourra
tomber à quatre pour cent. Ainsi le porteur qui
acheta à cinquante pour cent en 1814 ou 1815,
recevra cent pour cent en 1824 s'il veut retirer ses
fonds. Le 17 février 1824, les rentes au comptant
ont passé le pair. Nous avons, il est vrai, 197,000,000
de rentes; 63,000,000 sont antérieurs à la restauration; 130,000,000 sont créés pour payer l'arriéré
de la révolution et les effets des cent jours. QUATRE
MILLIONS seulement ont été constitués pour la
guerre d'Espagne de 1823; ces QUATRE MILLIONS
seuls appartiennent au gouvernement du Roi, depuis 1814 jusqu'en 1824.

Électeurs de 1824, voilà le bordereau des Ministres du Directoire et celui des Secrétaires-d'État
de la monarchie de Louis XVIII, choisissez.

On dit que le ministère impose des choix; il
dit aux libéraux qui ont des emplois et qui veulent
les conserver : « Lorsque Buonaparte vous imposa
la Charte en 1815, vous l'avez signée; si vous
votez contre nos institutions et contre vos sermens,
que ceux qui vous guident vous donnent de l'em-
ploi : un maître ne garde point à son service une
personne qui travaille et agit contre lui. »

En 1816, le Gouvernement ou le ministère remer-
cia les Préfets et les employés qui ne voulaient pas

devenir libéraux. En 1824, le Gouvernement remercie les libéraux qui ne veulent pas devenir royalistes. Il prend son texte des préceptes du maître du monde : « *Celui qui n'est pas pour moi est contre moi ; celui qui n'amasse pas avec moi dissipe.* »

En 1816 et 1824, il existait un ministère, un gouvernement, et le même Prince était sur le trône : d'où vient, dit-on, cette différence de principes aux deux époques ?

Depuis l'année 1815 jusqu'au 13 février 1820, on espéra, par des concessions, fondre les deux partis en un seul. Un des ministres, trop confiant aux apparences, s'était entouré de ces hommes à deux visages, dont quelques-uns, comme le colonel *Fabvier*, après avoir trempé dans le complot du 19 août 1820, ont passé en 1823 avec les rebelles de la Péninsule.

Le *ministère préfère*, dit-on, le silence des députés éloquens dans les commissions, aux beaux discours d'apparat de la tribune. Mais la Chambre de 1823 a fait plus de besogne dans deux mois, que les orateurs des autres assemblées dans l'espace de dix ans. Les travaux et les délibérations des bureaux sont préférables aux sorties virulentes des ambitieux de renommée.

On s'élève contre la septennalité ; mais si elle est nécessaire à l'État, au commerce, à l'industrie et à la propriété, elle nous donne la monarchie tout entière.

Il faut du loisir pour préparer les lois du temps, pour les méditer, les comparer, les discuter : une assemblée, qui se renouvelle en partie tous les ans, laisse chaque année, à d'autres nouveaux venus, l'ébauche d'un travail imparfait ; le second prend le travail, le change et le remet ; à un troisième, c'est l'ouvrage de Pénélope. La mobilité annuelle est donc la première cause de l'imperfection des lois et souvent de leur manque total. Dans une Chambre qui se renouvelle tous les ans, une session n'est pas finie qu'il faut songer à l'autre ; des figures nouvelles arrivent dans les bureaux avant qu'on ait fait connaissance et qu'on soit au travail ; le moment est passé, il faut clore la session.

L'Électeur paisible, qui use de ses droits sans intrigue et sans prétention, n'aime pas à se déplacer chaque année ou à se déranger de son commerce.

Le ministère, occupé des Élections du budget de l'administration de la tenue des Chambres, ne peut travailler de suite au grand plan de restauration de l'édifice social ébranlé depuis trente-trois ans, s'il n'avait qu'à démolir comme on faisait en révolution, ou à sabrer comme sous l'empire ; rien ne serait impossible. Mais pour obtenir *toute la monarchie*, il faut recréer, asseoir et consolider.

La septennalité ferme la porte aux révolutions ; c'est en quoi elle déplaît à certains candidats de 1824.

Électeurs, voulez-vous la monarchie tout entière ? votez pour les députés et pour le Gouvernement qui vous assurent la septennalité. Voulez-vous la révolution , l'anarchie et le despotisme à leur suite ? votez libéralement pour les hommes des gouvernemens passés ou pour les mécontens du nouvel ordre de choses.

A défaut de bonnes raisons , ces Messieurs vous adressent des injures ou des menaces.

Ils crient au despotisme du ministère pour obtenir son changement ; mais ces mêmes hommes, mécontens de tout ce qui n'est pas leur ouvrage , ne cessent de crier contre l'instabilité du ministère , si le changement est, de leur aveu , contraire au bien de l'État, la liberté étant le principe des mutations , il faut donc obtenir par ce moyen opposé, qu'ils appellent despotisme, la stabilité qu'ils invoquent.

Après les injures viennent les menaces. En 1824, si un Électeur se présente au collége et vote la monarchie tout entière , on le notera pendant dix ans pour le *cens* que le Gouvernement lui aura reconnu.

Ainsi ils notèrent en 1791 , le 17 juillet , au Champ-de-Mars , le malheureux Bailly , et lui firent expier en 1793, dans le même lieu , le crime royal d'avoir empêché légalement les séditieux de déposer Louis XVI et de proclamer la République.

En 1792 , deux mois avant le 10 août , les Jacobins, pour isoler le Monarque , posèrent pour barrière autour du jardin, sur la terrasse des Feuillans , un cordon tricolore sur lequel on lisait ces mots à l'extérieur : *Pays de la liberté* ; dans l'intérieur, où était le Roi : *Pays ennemi* ou *de Coblentz.* Quiconque franchissait le cordon était arrêté , injurié et battu.

Électeurs de 1824 , la monarchie tout entière ou la révolution.....

Électeurs, voilà le tableau de la révolution et ses résultats :

Comparez les finances de la révolution avec celles de la monarchie;

Les lois et les exécutions de la république et de l'empire avec celles de la monarchie;

Le Gouvernement des Bourbons avec celui du comité de Salut-Public, du Directoire et de Buonaparte.

Électeurs royalistes et libéraux , les conventionnels prononcèrent leur vote à haute voix dans le grand procès du Martyr du 21 janvier 1793. Votez tous franchement à haute voix et à bulletins découverts. *La Monarchie tout entière avec les Bourbons, leurs amis sont nos candidats*; ou bien: *la révolution contre les Bourbons leurs candidats sont nos ennemis.*

IMPRIMERIE ANTH^e. BOUCHER, RUE DES BONS-ENFANS, N°. 34.